FEIERN | SNACKEN | GENIESSEN

PARTYFOOD

einfach gut

CREATISSIMO

INHALTSVERZEICHNIS

VORWORT

Die Nachbarn haben sich angekündigt, der Geburtstag wird gefeiert, die neue Küche soll eingeweiht werden, die Sonne lockt zur Gartenparty, oder es ist einfach mal wieder Zeit für einen netten Abend mit Freunden in gemütlicher Runde – es gibt viele Anlässe, zu denen leckeres Essen für Gäste auf den Tisch kommt. Und was passt dazu besser als gut vorzubereitendes Partyfood, das auf dem Buffet, an der großen Tafel oder auch als Fingerfood in kleinen Gläsern oder Schälchen frei kombiniert werden kann?

Dieses Buch versammelt 20 kleine Snacks, die alle zusammen ein großes, buntes Buffet ergeben. Wenn es eine Nummer kleiner werden soll, reichen natürlich auch schon zwei oder drei Komponenten, um schnell und einfach die Grundlage für einen tollen Wein- oder Cocktailabend mit Freunden zu schaffen. Der Partyfood-Leitfaden auf den folgenden Seiten hilft, die Portionsgrößen einzuschätzen und zu entscheiden, welche Gerichte sich für welchen Anlass gut eignen.

Dabei gilt: Alles sind nur Ideen, die der eigenen Kreativität keine Grenzen setzen. Die warme Tomaten-Pasta mit Scampis und Crème fraîche (S. 32) statt als Snack-Portion als eigenständiges Hauptgericht servieren? Aber klar! Die Frikadellen-Variationen (S. 20) als perfekte Grundlage, um am Tisch zusammen mit Salat, Gemüse und Soßen kleine Wraps zu rollen oder Brottaschen zu füllen? Für kleine Gruppen bis zu acht Personen eine super Aktion! Wer es lieber klassisch mag und Focaccia und Salate mit Fingerfood wie den Cheesecake-Ecken (Vorsicht: Suchtgefahr…), Crostini und Mini-Burgern auf einem festlich dekorierten Buffet kombiniert – auch wunderbar!

Also: Ganz gleich ob Sommerfest, Buffet im neuen Haus, WG-Party oder Kaminabend mit guten Freunden: Viel Spaß beim Kombinieren, Kochen und Genießen!

Tipps & Tricks

PARTYFOOD

Selbstgebackenes Brot, Flammkuchen, Burger, Salat, Cheesecake-Happen, Tortilla-Ecken oder kleine Suppen-Shots – alles da. Bleibt nur noch die Frage: Wann serviere ich was und von welchem Gericht wie viel? Dieser kurze Partyfood-Fahrplan erleichtert die Organisation.

Wie viel?

Der eine kommt mit Bärenhunger, der andere hat schon zu Hause zu Abend gegessen und möchte nur noch eine Kleinigkeit probieren – gerade bei größeren Partys sind die Bedürfnisse der Gäste oft sehr unterschiedlich. Daher lassen sich für die Portionsgrößen bei Buffets immer nur ungefähre Richtwerte angeben. Alle Rezepte in diesem Buch sind so konzipiert, dass man für einen ganzen Abend als Durchschnittswert vier oder fünf Snackportionen pro Person einkalkulieren sollte.

Also zum Beispiel zwei bis drei kleine Scheiben Zwiebel-Tomaten-Brot, das übrigens auch gern noch zu später Stunde genascht wird. Dazu ein kleines Schälchen Bulgursalat mit Mango und Pfirsichen, zwei bis drei Mini-Frikadellen, ein Schälchen Studentenfuttergemüse zum Knabbern und ein kleiner Gurken-Avocado-Shot mit griechischem Joghurt. Wobei es natürlich nicht immer so viele verschiedene Komponenten sein müssen.

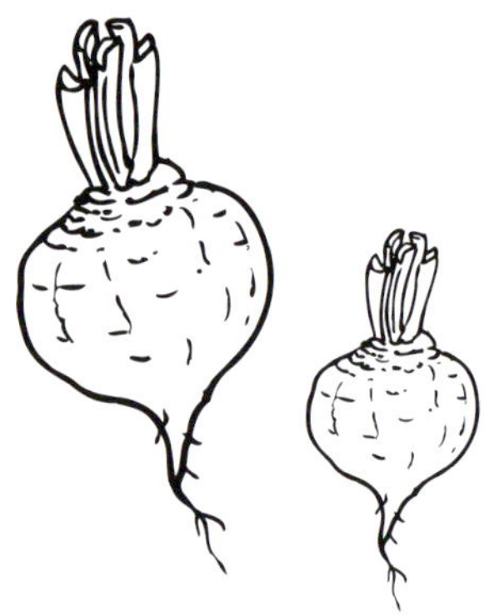

Was koche ich wann?

Viele Gerichte sind kalt und lassen sich daher wunderbar für Buffets vorbereiten, die den ganzen Abend über aufgebaut bleiben und auch zu späterer Stunde noch zum Naschen und Probieren einladen. Die Grundsatzentscheidung lautet: Serviere ich in großen Schüsseln und stelle Teller bereit, oder bereite ich lieber kleine Fingerfood-Portionen in Tassen, Schalen oder auf kleinen Löffeln vor? Meist sind in den Rezepten schon verschiedene Möglichkeiten vorgeschlagen. Aber auch warme Snacks passen aufs Buffet! Diese sollten am besten immer nur in kleinen Mengen hingestellt und ab und zu frisch aus dem Ofen nachgelegt werden, sodass sie nicht zu kalt werden. Sitzen alle an einem großen Tisch, ist es besonders einfach: Zu Beginn werden die warmen Speisen, zum Beispiel der Flammkuchen oder die Tomaten-Pecorino-Tarte, ofenfrisch serviert. Von den kalten Komponenten nimmt sich dann jeder später, was er mag – und wann er mag.

Was passt zusammen?

Ein bunter Mix – von allem etwas – ist immer gut! Brot als Sattmacher sollte auf keinem Partybuffet fehlen. Da bietet sich die Tomaten-Paprika-Focaccia genauso an wie das Zwiebel-Tomaten-Brot. Damit auch zu später Stunde wirklich niemand hungrig bleibt, ist es zudem ratsam, zum Aufstocken ein oder zwei frische Baguettes in der Hinterhand zu haben. Zum Brot passen frische Salate und kleines Fingerfood wie die pikanten Cheesecake-Ecken, die Tomaten-Honigmelonen-Gazpacho in kleinen Shot-Gläsern, das Studentenfuttergemüse zum Knabbern oder die kleinen Avocado-Lachs-Crostinis. Dazu die Frikadellen für die Fleischliebhaber und die würzige Kartoffel-Tortilla mit Chorizowurst für alle, die es gern pikant und mediterran mögen. Immer wichtig: Neben Sattmachern hier und da auch etwas Leichtes oder Frisches anbieten – so stimmt der Mix garantiert.

Gefülltes ZWIEBEL-TOMATEN-BROT

ZUTATEN FÜR 2 BROT-ZÖPFE
➜ 12 SNACKPORTIONEN

Für den Teig:

600 g Mehl

2 TL Salz

2 TL Zucker

1 Würfel Hefe

200 g Frischkäse

Für die Füllung:

6 mittelgroße rote Zwiebeln (500 g)

100 g getrocknete Tomaten

125 g Butter

2–3 EL Tomatenmark

ZUBEREITUNG

❶ Das Mehl mit Salz und Zucker in einer großen Schüssel vermengen. Die Hefe in 250 ml lauwarmes Wasser bröckeln, unter Rühren darin auflösen und zum Mehl gießen. Den Frischkäse hinzufügen und einen glatten Teig kneten. Zur Kugel formen und, mit einem Küchentuch bedeckt, rund 30 bis 60 Minuten gehen lassen.

❷ In der Zwischenzeit die Füllung zubereiten: Zwiebeln und Tomaten fein würfeln und 2 EL Butter in einer großen Pfanne erhitzen und die Gemüsewürfel darin bei mittlerer Hitze dünsten. Langsam mehr Butter hinzugeben, sodass Zwiebeln und Tomaten immer von flüssiger Butter umgeben sind. Das Tomatenmark zufügen und den Zwiebel-Tomaten-Mix bei kleiner bis mittlerer Hitze rund 20 bis 25 Minuten in der geschlossenen Pfanne garen. Zwischendurch immer wieder umrühren.

❸ Den Backofen auf 175°C (Umluft) vorheizen. Der Teig kann nun zu zwei großen, rechteckigen Teigfladen (etwa in der Größe des Backblechs) ausgerollt werden, die jeweils dünn mit der Zwiebel-Tomaten-Butter bestrichen werden. Die bestrichenen Teigfladen wie eine Teigschnecke aufrollen, die Enden gut andrücken. Die beiden Teigrollen längs von oben nach unten in zwei oder drei Stränge teilen und zu einem Zopf formen, die Enden wieder gut andrücken. Diesen Vorgang am besten gleich auf dem mit Backpapier belegten Blech durchführen, sodass die Teigzöpfe beim Umlegen auf das Backblech nicht kaputt gehen können.

❹ Die Brote im heißen Backofen rund 25 Minuten backen. Lauwarm abkühlen lassen und, in Scheiben geschnitten, frisch servieren.

MINI-GALETTES

mit Roter Bete, Ziegenkäse und Thymian

ZUTATEN FÜR 6 KLEINE TÖRTCHEN
➡ 6 SNACKPORTIONEN

Für den Teig:

250 g Weizenmehl

1 TL Salz

110 g kalte Butter

Für den Belag:

150 g Ziegenfrischkäse

4–5 kleine Rote Beten, geschält, in sehr dünne Scheiben geschnitten

1 rote Zwiebel, in feinen Ringen

3–4 Thymian- und Oreganozweige

Salz

Außerdem:

1 Eigelb, verquirlt

ggf. 100 g griechischer Joghurt zum Anrichten

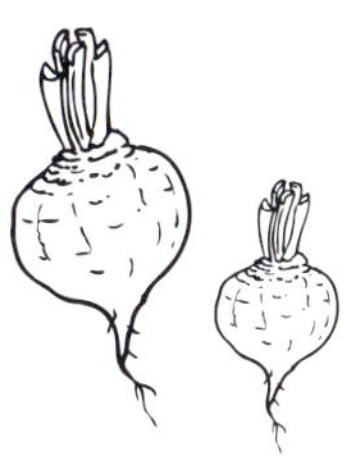

ZUBEREITUNG

❶ Für den Teig das Mehl in eine große Schüssel sieben. Salz und kalte Butter in kleinen Stücken und 50 ml eiskaltes Wasser hinzugeben und einen glatten Teig kneten. Den Teig in sechs gleich große Stücke teilen und diese zwischen zwei Bogen Frischhaltefolie dünn und kreisförmig ausrollen.

❷ Den Ofen auf 160 °C (Umluft) vorheizen. Die kleinen Teigfladen mit Ziegenfrischkäse bestreichen und in der Mitte mit Rote-Bete-Scheiben und Zwiebelringen belegen. Zwischendurch einige Thymian- und Oregano-Blätter einarbeiten und das Gemüse leicht salzen. Die Teigränder nach innen auf die Gemüsefüllung einklappen, festdrücken und auf ein mit Backpapier belegtes Blech setzen.

❸ Die Ränder der Törtchen mit etwas Eigelb einpinseln. Die Galettes im heißen Ofen rund 20–30 Minuten goldbraun backen. Nach Wunsch 10 Minuten vor Ende der Garzeit einige Kräuterzweige auf die Törtchen legen und mitbacken. Die Mini-Galettes lauwarm und nach Wunsch mit einigen Joghurt-Klecksen servieren.

» Für etwas Crunch im Mund die Galette-Törtchen kurz vor dem Servieren mit gerösteten Walnuss- oder Haselnusskernen bestreuen! «

TOMATEN-PAPRIKA-FOCACCIA

mit Kräutern

ZUTATEN FÜR 1 GROSSES BROT
➡ 10–12 SNACKPORTIONEN

Für den Teig:

500 g Weizenmehl
2 TL Salz
4 EL Olivenöl
1 Würfel Hefe
1 TL Zucker

Für die Füllung:

300 g Kirschtomaten, halbiert
100 g Mini-Paprika, in sehr dünnen Scheiben
3–5 EL Olivenöl
3–4 Thymian- und Oreganozweige zum Mitbacken
Salz

» Nach Wunsch können auch Zucchini- oder Zwiebelscheiben, Pilze oder eingelegtes Antipasti-Gemüse auf der Focaccia verteilt und mitgebacken werden! «

ZUBEREITUNG

1. Für den Teig das Mehl in eine große Schüssel sieben. Salz und Olivenöl hinzufügen und kurz vermengen. Die Hefe in 300 ml lauwarmes Wasser bröckeln, den Zucker hinzufügen und die Hefe unter Rühren darin auflösen. Das Hefe-Gemisch zum Mehl geben und einen glatten Teig kneten. Den Teig zur Kugel formen und an einem warmen Ort mindestens 1 Stunde gehen lassen, besser länger.

2. Den Teig nochmals gut durchkneten und zu einem großen, ovalen Teigfladen ausrollen und diesen auf ein mit Backpapier belegtes Blech setzen. Mit der Stielseite eines Holzlöffels kleine Mulden in den Teigfladen drücken und die Kirschtomaten und Paprikastücke in den Teig hineindrücken. Den Teig bei Raumtemperatur, mit einem Tuch bedeckt, weitere 20 Minuten gehen lassen.

3. Den Backofen auf 175°C (Umluft) vorheizen. Das Gemüse eventuell nochmals fest in den Teig drücken, Olivenöl auf der Oberfläche verteilen. Die Focaccia im heißen Ofen rund 35 Minuten backen, rund 10 Minuten vor Ende der Backzeit die Kräuter auflegen und für das Aroma noch kurz mitbacken. Die Focaccia direkt nach dem Backen mit etwas Salz bestreuen, die Kräuter entfernen und das Brot in kleine Streifen, Würfel oder Scheiben schneiden und servieren.

KARTOFFEL-TORTILLA

mit Chorizowurst und Zitronen-Kräuter-Schmand

➡ ZUTATEN FÜR 12–15 TORTILLASTÜCKE/ SNACKPORTIONEN

Für die Tortilla:

1 EL Butter
2 rote Zwiebeln, gewürfelt
700 g gegarte Pellkartoffeln, geschält und gewürfelt
1 TL Salz
100 g Chorizowurst, grob gewürfelt
Pfeffer
ggf. ¼ TL Ahornsirup für etwas Süße
6 Eier
Salz
75 g Cheddarkäse, frisch gerieben

Für den Dip:

200 g Schmand
½ Bund frische Petersilie
Saft von ½ Zitrone
Salz
Pfeffer

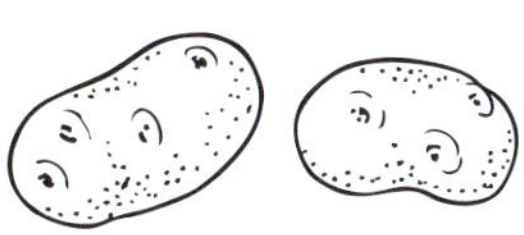

ZUBEREITUNG

❶ Die Butter in einer großen Schmorpfanne erhitzen und die Zwiebel- und Kartoffelwürfel darin ringsherum leicht anbraten. Das Salz zugeben, alles gut vermengen und die Hitze leicht reduzieren. Die Chorizowürfel hinzugeben und einige Minuten mit den Kartoffeln braten. Mit Pfeffer und etwas Ahornsirup abschmecken.

❷ Den Backofen auf 150°C (Umluft) vorheizen. Die Eier gut verquirlen und mit Salz, Pfeffer und Cheddarkäse mixen. Eine ofenfeste Pfanne oder Tarte-Form bereitstellen, leicht fetten und die Kartoffel-Chorizo-Mischung mit dem Eier-Mix vermengen. Gleichmäßig in der Form verteilen und die Tortilla im heißen Backofen rund 25 Minuten stocken lassen.

❸ In der Zwischenzeit aus Schmand, Petersilie, Zitronensaft, Salz und Pfeffer einen Dip mixen und abschmecken. Die Tortilla nach dem Backen 5–10 Minuten ruhen lassen, in handliche Stücke schneiden und lauwarm oder kalt mit dem Zitronen-Kräuter-Schmand servieren.

KNUSPER-WAFFELN

mit rotem Hummus

➔ ZUTATEN FÜR 20 WAFFELN/
20 SNACKPORTIONEN

Für den roten Hummus:

200 g Kichererbsen (fertig zubereitet oder aus dem Glas), gewaschen

1 Handvoll Walnusskerne, geröstet

1–2 Knoblauchzehen

150 g eingelegte Paprika, abgetropft und grob gewürfelt

2 EL Tomatenmark

½ TL geräuchertes Paprikapulver

Salz

Pfeffer

½ TL Ahornsirup

Olivenöl nach Geschmack

Außerdem:

20 Maiswaffeln

500 g Kirschtomaten, halbiert oder geviertelt

1 Handvoll Walnusskerne, geröstet

ZUBEREITUNG

❶ Kichererbsen, Walnusskerne, Knoblauchzehen, Paprikawürfel, Tomatenmark, Paprikapulver sowie etwas Salz, Pfeffer und Ahornsirup in den Mixer geben und auf hoher Stufe zu einem groben bis feinen Hummus mixen. Mit Olivenöl abschmecken und ggf. nachwürzen.

❷ Die Maiswaffeln mit dem Hummus bestreichen und, mit Tomatenscheiben und Walnusskernen belegt, servieren.

» Der Hummus kann mit frischen Kräutern wie Oregano, Thymian oder Basilikum verfeinert werden. Außerdem lecker: Die Kirschtomaten vor dem Belegen in einer Pfanne in etwas Olivenöl und mit frischen Kräutern bei mittlerer Hitze schwenken. Mit etwas Honig oder Zucker karamellisieren lassen, mit Salz und Pfeffer abschmecken und die Waffeln mit den geschmorten Kräuter-Tomaten belegen. «

GURKEN-AVOCADO-SUPPE

mit griechischem Joghurt

ZUTATEN FÜR 10–12 KLEINE GLÄSER/ SNACKPORTIONEN

2 EL Olivenöl
2 kleine Knoblauchzehen, fein gewürfelt
1 große Bio-Gurke mit Schale, grob gewürfelt
1 Avocado
1–2 Handvoll geröstete Walnuss- oder Kürbiskerne
200 ml Gemüsebrühe
3–4 EL Olivenöl
Saft und geriebene Schale von ¼ Bio-Zitrone
Salz
Pfeffer
ggf. ½ TL Honig
150 g griechischer Joghurt zum Anrichten
frische Kräuter nach Wahl

ZUBEREITUNG

1. Das Olivenöl in einer Pfanne auf mittlerer Stufe erhitzen und den Knoblauch darin farblos anschwitzen. Knoblauch, Gurkenstücke, Avocado-Fruchtfleisch, geröstete Kerne, Brühe, Olivenöl, Zitronensaft und -abrieb, etwas Salz, Pfeffer und Honig nach Geschmack in den Mixer oder Blender geben und eine glatte Suppe mixen.
2. Die grüne Suppe auf kleine Gläser (z. B. Shot-Gläser) oder Mini-Fläschchen verteilen, mit kleinen Joghurt-Klecksen und frischen Kräutern (z. B. Oregano oder Minze) anrichten und kalt servieren.

» Wer mag, mixt noch einige frische Minzblätter mit in die Suppe – so bekommt sie noch mehr Frische. «

Tomaten-Honigmelonen-
GAZPACHO

➡ ZUTATEN FÜR 10–12 KLEINE GLÄSER/ SNACKPORTIONEN

2 EL Olivenöl

1 Knoblauchzehe, fein gewürfelt

1 Schalotte, fein gewürfelt

5 große Rispentomaten oder kleine Kirschtomaten (ca. 500 g)

350 g Honigmelone (ca. ½ Stück), gewürfelt

3–4 EL Olivenöl

150–200 ml Gemüsebrühe

1 TL Apfelessig oder Weißweinessig

1 Handvoll geröstete Kürbiskerne oder Mandeln ohne Schale (plus einige weitere zum Anrichten)

Salz

Pfeffer

ggf. ½ TL Ahornsirup

2 Handvoll geröstete Kürbiskerne zum Anrichten

ZUBEREITUNG

1. Das Olivenöl in einer Pfanne erhitzen und die Knoblauch- und Schalottenwürfel darin farblos bei mittlerer Hitze anschwitzen.

2. Von den Rispentomaten den Strunk entfernen und das Fruchtfleisch zusammen mit den Honigmelonenwürfeln, dem Olivenöl, der Brühe, dem Essig und den gerösteten Kernen im Blender sehr fein mixen.

3. Die Suppe mit Salz, Pfeffer und – je nach Süße der Melone – mit etwas Ahornsirup abschmecken. Die Gazpacho in kleinen Fläschchen oder Gläsern (z. B. Shot-Gläser) und, nach Wunsch mit Kürbiskernen, servieren.

» Wer Kräuter der Saison zur Hand hat, kann diese frisch mit in die Suppe mixen. Getrocknete Kräuter am besten zusammen mit dem Knoblauch und den Schalottenwürfeln kurz mitbraten, sodass sich das Aroma besser entfaltet. «

Dreierlei
HACKBÄLLCHEN

ZUTATEN FÜR 20 HACKBÄLLCHEN/ SNACKPORTIONEN

1 kg Rinderhackfleisch
2 rote Zwiebeln, sehr fein gewürfelt
1–2 Knoblauchzehen, sehr fein gewürfelt
1 EL Senf
1½ TL Salz
Pfeffer

Toppings, wahlweise:
Fetakäse und Thymianblätter
BBQ-Ketchup, rauchig
Ajvar (Paprikapaste)

» Für die Hackbällchen werden weder Semmelbrösel noch eingeweichte Brötchen oder Eier verwendet. Dies funktioniert nur, weil reines Rinderhackfleisch verwendet wird, das in seiner Struktur fester ist als Schweinehackfleisch. Bei gemischtem Hackfleisch („halb und halb") sollte die Masse mit einem oder zwei Eiern gebunden werden. «

ZUBEREITUNG

1. Den Backofen auf 150 °C (Umluft) vorheizen. Das Hackfleisch mit den Zwiebel- und Knoblauchwürfeln, dem Senf sowie Salz und Pfeffer vermengen. Wahlweise nun direkt klassische Hackbällchen daraus formen und diese auf ein mit Backpapier belegtes Blech setzen oder die Fleischmenge in drei gleichgroße Teile teilen und diese jeweils mit den Toppings vermengen.

2. Für ⅓ der Fleischmenge etwa 100 g zerbröselten Fetakäse und einige frische oder getrocknete Thymianblätter verwenden und gut unter das Fleisch kneten.

3. Für die BBQ-Variante 2–3 EL rauchigen BBQ-Ketchup verwenden und für die Paprikafüllung 2–3 EL Ajvar einarbeiten.

4. Die Hackbällchen auf dem Backblech in den Ofen schieben und rund 15–20 Minuten (je nach Dicke der Hackbällchen) backen. Lauwarm oder kalt servieren.

SÜSSKARTOFFELPOMMES

mit Avocadodip

ZUTATEN FÜR 10–12 KLEINE SNACKPORTIONEN

3 große Süßkartoffeln (1 kg), geschält und in Stifte geschnitten

3 EL Olivenöl

Chiliflocken oder frische Chiliringe nach Geschmack

Salz

2 Avocados

1 Schalotte, sehr fein gewürfelt

½ TL Ahornsirup

Saft von ¼ Zitrone

Salz

Pfeffer

ZUBEREITUNG

1. Den Ofen auf 180° C (Umluft) vorheizen. Die Süßkartoffelstifte in einer Schüssel mit Olivenöl, Chili und etwas Salz vermengen, auf ein mit Backpapier belegtes Blech setzen und im heißen Ofen rund 30 Minuten backen.

2. In der Zwischenzeit das Fruchtfleisch der Avocados mit einer Gabel zerdrücken, mit Schalottenwürfeln, Honig oder Ahornsirup, Zitronensaft, Salz und Pfeffer vermengen und abschmecken.

3. Die Süßkartoffelstifte noch warm auf kleinen Tellern oder in kleinen Schälchen mit je einem Löffel Avocadodip anrichten und mit kleinen Gabeln servieren.

» Im Ofen erhalten Gemüse- oder Kartoffelpommes eine eher weiche Konsistenz. Wer klassisch krosse Pommes haben möchte, frittiert die Süßkartoffelstifte in Öl und würzt sie anschließend mit Chili und Salz. «

AVOCADO-CROSTINI

mit Lachs und Krabben

ZUTATEN FÜR 15–20 CROSTINI/ SNACKPORTIONEN

1 Baguette

etwas Olivenöl

2 Hass-Avocados

1 rote Zwiebel, sehr fein gewürfelt

1 Knoblauchzehe, durch die Presse gedrückt oder fein gerieben

Salz

Pfeffer

Honig

½ TL Apfelessig oder Zitronensaft

200 g Räucherlachs

200 g Nordseekrabben

ggf. frischen Meerrettich/Kren zum Anrichten

ZUBEREITUNG

1. Das Baguette leicht schräg in Scheiben schneiden und im warmen Ofen oder in der warmen Grillpfanne mit etwas Olivenöl leicht rösten.
2. Das Fruchtfleisch der Avocados mit einer Gabel fein zerdrücken und mit Zwiebelwürfeln, Knoblauch, etwas Salz und Pfeffer, Honig sowie Essig oder Zitronensaft abschmecken.
3. Die Baguettescheiben mit der Avocadocreme bestreichen und wahlweise mit Räucherlachsscheiben oder Krabben belegen. Die Lachs-Crostini nach Wunsch noch mit frisch geriebenem Meerrettich/Kren bestreuen.

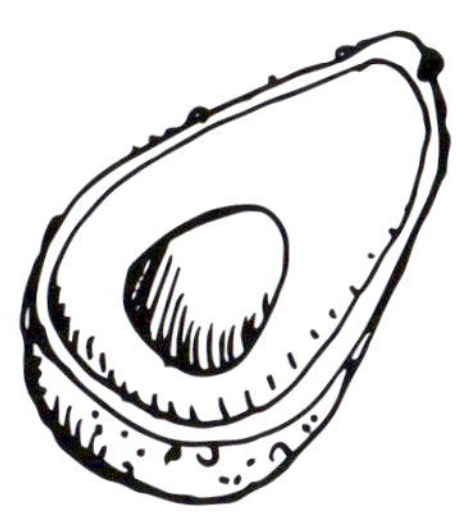

TOMATEN-PECORINO-TARTE

mit Pistazienkernen

➔ ZUTATEN FÜR 10–12 STÜCK/ SNACKPORTIONEN

Für die Tarte:

200 g Weizenmehl (Type 405)
100 g kalte Butter, in Stückchen
1 Ei
½ TL Salz
300 g Doppelrahm-Frischkäse
1 TL Salz
Pfeffer
4 Eier
1 TL Thymianblätter, getrocknet
75 g Pecorinokäse, frisch gerieben
450 g Kirschtomaten (gern bunt), halbiert
2–3 EL Pistazienkerne, gehackt

Außerdem:

Paniermehl für die Tarteform
Hülsenfrüchte und Backpapier zum Blindbacken

» Die Tarte schmeckt lauwarm oder mit Zimmertemperatur besser als durchgekühlt. Falls sie vorbereitet wird, also am besten zwei Stunden vor dem Verzehr aus dem Kühlschrank nehmen und schon vorab auf das Buffet stellen. «

ZUBEREITUNG

❶ Für den Boden aus Mehl, Butter, Ei und Salz einen glatten Teig kneten. Zur Kugel formen, in Frischhaltefolie wickeln und 1 Stunde kaltstellen.

❷ Den Ofen auf 150 °C (Umluft) vorheizen. Den Teig 3–4 mm dick ausrollen und in eine gefettete und mit Paniermehl ausgestreute Form drücken – so lässt sich die Tarte anschließend besser aus der Form lösen. Den Rand auf eine Höhe bringen und mehrmals mit einer Gabel einstechen, dann mit einem Blatt Backpapier belegen. Mit Hülsenfrüchten beschweren und den Boden im heißen Ofen rund 15 Minuten blindbacken.

❸ Die Form aus dem Ofen nehmen, Backpapier und Hülsenfrüchte entfernen und den Boden kurz abkühlen lassen.

❹ In der Zwischenzeit den Frischkäse mit Salz und Pfeffer glatt rühren. Eier separat aufschlagen, gut verquirlen und mit dem Frischkäse, dem Thymian und dem Pecorinokäse vermengen. Ein Drittel der Eier-Käse-Mischung in die Tarte-Form gießen, die Tomaten mit der Schnittfläche nach oben hineinsetzen und die restliche Eier-Käse-Mischung darauf verteilen. Die Tarte im heißen Ofen rund 30 Minuten backen.

❺ Nach dem Backen mit Pistazienkernen bestreuen und mindestens 10 Minuten ruhen lassen, damit die Tarte fest wird. In Tortenstücke oder Würfel schneiden und servieren.

BULGURSALAT

mit Curry und Früchten

➡ ZUTATEN FÜR 10–12 SNACKPORTIONEN

Für den Teig:

1 TL Currypulver

1 TL Honig

1 TL Salz

50 g getrocknete Aprikosen oder Mangostücke, fein gewürfelt

250 g Bulgur

3 Pfirsiche oder Nektarinen, fein gewürfelt

1 Mango, fein gewürfelt

4 Lauchzwiebeln, in feinen Ringen

½ Bund glatte Petersilie, fein geschnitten

4 EL Olivenöl

1 TL Apfelessig

Salz

Pfeffer

200 g griechischer Joghurt zum Anrichten

75 g Kürbiskerne, geröstet, zum Anrichten

ZUBEREITUNG

❶ Currypulver, Honig, Salz, Aprikosen- oder Mangostücke in einen Kochtopf geben, 500 ml Wasser zugießen und zum Kochen bringen. Den Bulgur einstreuen und 8–10 Minuten bei kleiner Hitze kochen lassen. Anschließend weitere 5–10 Minuten quellen lassen, mit der Gabel auflockern.

❷ Pfirsich- oder Nekarinenwürfel, Mangostücke, Lauchzwiebelringe, Petersilie, Olivenöl und Essig vermengen und unter den Bulgur heben. Mit Salz und Pfeffer abschmecken, auf kleine Schälchen oder Löffel aufteilen, mit griechischem Joghurt und gerösteten Kürbiskernen anrichten und servieren.

» Wer kein Fingerfood-Buffet anbietet, serviert den Salat in einer großen Schüssel zur Selbstbedienung und hebt vielleicht noch klein gezupfte Stücke vom frischen Backhähnchen unter – so wird es rustikal und sicher sättigend! «

PINKER COUSCOUSSALAT

mit Trauben und Ziegenkäse

ZUTATEN FÜR 10 SNACKPORTIONEN

Für den Couscous:

300 ml Rote-Bete-Saft

1 rote Zwiebel, sehr fein gewürfelt

150 g Couscous

Salz

Für den Salat:

500 g Rote Bete (gegart und geschält), fein gewürfelt

150 g rote Weintrauben, im Ganzen oder halbiert

1–2 Handvoll Walnusskerne, geröstet

3 EL Olivenöl

½ TL Apfelessig

Salz

Pfeffer

Chiliflocken oder Meerrettich/Kren, frisch gerieben für etwas Schärfe

Für den Salat:

250 g Ziegen-Camembert, in Scheiben

Thymianzweige

Honig, flüssig

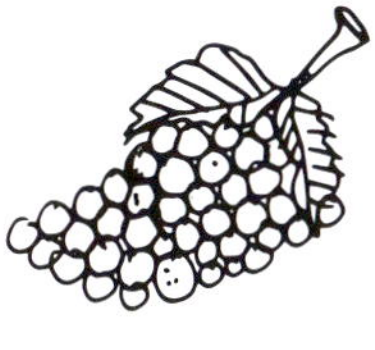

ZUBEREITUNG

1. Den Rote-Bete-Saft in einen Kochtopf geben, die Zwiebelwürfel und den Couscous sowie etwas Salz hinzugeben und unter Rühren zum Kochen bringen. Nach dem Aufkochen von der Herdplatte nehmen und den Couscous 10 Minuten quellen lassen, mit der Gabel auflockern.
2. Den Backofen auf 200 °C (Umluft) vorheizen. Rote-Bete-Würfel, Weintrauben, Walnusskerne, Olivenöl, Essig sowie etwas Salz und Pfeffer in einer großen Salatschüssel vermengen und nach Wunsch noch etwas Chili oder frischen Meerrettich zugeben. Den Couscous unterheben und den Salat einige Minuten durchziehen lassen.
3. Die Käsetaler auf ein mit Backpapier belegtes Blech setzen, Thymianzweige auflegen und etwas Honig auf die Oberfläche sprenkeln. Die Käsetaler im heißen Ofen 5–10 Minuten erwärmen. Den Salat in kleine, handliche Schüsseln füllen, je einen Ziegenkäsetaler darauflegen und servieren.

» Der Salat lässt sich super vorbereiten. Dann einfach kurz vor dem Servieren noch den Ziegenkäse erwärmen, auf dem Salat anrichten – fertig! «

WARME TOMATEN-PASTA

mit Garnelen

➡ ZUTATEN FÜR 10–12 SNACKPORTIONEN

Für die Tomatensoße:

750 g kleine Kirschtomaten
2 rote Zwiebeln, fein gewürfelt
2 Knoblauchzehen
4 EL Olivenöl
2 EL Weißweinessig
1 TL Honig
1 TL Basilikum, getrocknet
1 TL Salz
Pfeffer

Außerdem:

500 g kurze Nudeln, z. B. Fussili
Gemüsefond oder Salzwasser

500 g Garnelenschwänze
1 EL Butter oder Olivenöl
200 g Crème fraîche
50 g Pistazienkerne, fein gehackt

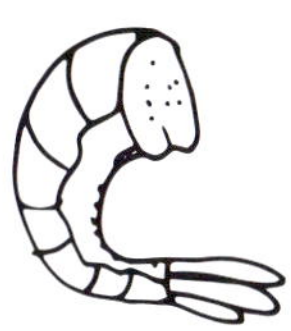

ZUBEREITUNG

❶ Den Ofen auf 160°C (Umluft) vorheizen. Die Kirschtomaten mit Zwiebelwürfeln, Knoblauchzehen, Olivenöl, Weißweinessig, Honig, Basilikum, Salz und Pfeffer in einer kleinen Auflaufform vermengen und im heißen Backofen rund 30 Minuten garen, bis die Tomaten aufplatzen. Die Knoblauchzehen nach dem Garen herausnehmen.

❷ In der Zwischenzeit die Nudeln in kochendem Fond oder Salzwasser bissfest garen und abgießen. Die Nudeln mit den Ofen-Tomaten noch heiß vermengen, mit Salz und Pfeffer abschmecken und die Tomaten-Pasta auf kleine Gläser, Schälchen oder Tassen aufteilen.

❸ Die Garnelen in heißer Butter oder heißem Olivenöl rundherum braten und zusammen mit je einem Löffel Crème fraîche und den Pistazienkernen auf den Nudeln anrichten. Die Tomatenpasta am besten direkt warm oder lauwarm servieren.

» Für den Abend mit Freunden am großen Tisch am besten den ganzen Topf Pasta auf den Tisch stellen, Garnelen und Crème fraîche dazureichen. Als Fingerfood lassen sich die Nudeln toll in unterschiedlichen Kaffee- oder Teetassen anrichten. «

Wassermelonen-
PIZZA-ECKEN

➡ ZUTATEN FÜR 20 SNACKPORTIONEN

500 g Fetakäse, fein gewürfelt
oder mit der Hand gebröselt

5 EL Olivenöl

je ½ TL Thymian und Oregano, getrocknet

2 Knoblauchzehen, sehr fein gewürfelt

2 Schalotten, sehr fein gewürfelt

Pfeffer

150 g grüne Oliven, ohne Stein, in feinen Scheiben

1 große Wassermelone (möglichst ohne Kerne),
in gut fingerdicken Scheiben

100 g Walnusskerne, geröstet und gehackt

ZUBEREITUNG

❶ Den Fetakäse mit Olivenöl, Thymian, Oregano, Knoblauch, Schalotten, etwas Pfeffer sowie den Olivenscheiben vermengen und mindestens 1, besser 2 Stunden abgedeckt ziehen lassen.

❷ Die Wassermelonenscheiben vorbereiten und auf kleine oder größere Platten legen, auf denen sie auch serviert werden sollen. Die Wassermelonenscheiben mit dem marinierten Fetakäse belegen, die Scheiben vierteln oder achteln und nach Wunsch kleine Pieker in die einzelnen Pizza-Stücke stecken. Mit gerösteten Walnusskernen bestreut, servieren.

» Wer auf die Wassermelonenschale verzichten möchte, schneidet aus dem Fruchtfleisch kleine Würfel, die mit dem Fetakäse und den Nüssen belegt werden. Einfach mit Holzpiekern befestigen und als Fingerfood servieren! «

Tomaten-Basilikum-
TIRAMISU

➲ ZUTATEN FÜR 6–8 GLÄSER/
SNACKPORTIONEN

1 kg Rispentomaten (nur das feste Fruchtfleisch verwenden), fein gewürfelt

frische Kräuter (Oregano, Basilikum, Thymian), fein gezupft oder geschnitten

Salz

3 EL Olivenöl

1 TL heller Balsamicoessig

1 Prise Zucker

Pfeffer

400 g Frischkäse

150 g Fetakäse

12–16 Scheiben frisches Buttertoast- oder Briochebrot

75–100 g Basilikumpesto

ZUBEREITUNG

❶ Im ersten Schritt aus Tomaten, frischen Kräutern, Salz, Olivenöl, Essig, etwas Zucker und Pfeffer einen Tomatensalat mixen und abschmecken. Den Frischkäse mit dem Fetakäse mischen. Das Toast- oder Briochebrot entrinden und die Stücke auf die gewünschte Größe der Gläser zuschneiden.

❷ Nun 6–8 Gläser bereitstellen und den Boden jeweils mit Tomatensalat bedecken. Etwas Brot ins Glas geben, etwas Pesto dünn darauf verteilen, Käsecreme daraufstreichen und wieder etwas Tomatensalat ins Glas schichten. Je nach gewünschter Höhe beliebig oft fortfahren und mit Frischkäse und einigen kleinen Pesto-Klecksen abschließen.

» Ein bisschen Biss dazu? Einfach einige geröstete und klein gehackte Mandeln oder Nüsse mit ins Tiramisu geben! «

CHEESECAKE-ECKEN

mit Tomatenpesto und Kräutern

ZUTATEN FÜR 1 SPRINGFORM
(26 CM DURCHMESSER)
➡ 12–16 STÜCK/SNACKPORTIONEN

Für den Boden:

200 g herzhafte Brotchips oder Cracker (z. B. mit Curry-Gewürz)

80 g flüssige Butter

Für die Cheesecake-Creme:

600 g Frischkäse

2 Eier

1 TL gemischte Kräuter (Thymian, Oregano, Basilikum nach Wahl)

2 geh. EL Tomatenpesto (plus weitere 3 EL zum Anrichten)

» Anstelle von Tomatenpesto lassen sich auch andere selbst gemachte Pesto-Kreationen in die Cheesecake-Creme mixen. Kürbiskernpesto, Basilikumpesto oder Antipasti-Pesto schmecken zum Beispiel auch wunderbar! «

ZUBEREITUNG

❶ Den Backofen auf 150°C (Umluft) vorheizen. Für den Boden die Brotchips oder Cracker in einen Gefrierbeutel geben, mit einem Nudelholz fein zermahlen und mit der flüssigen Butter vermengen. Falls die Masse noch nicht feucht genug ist, noch etwas flüssige Butter zugeben. Eine Springform seitlich fetten, am Boden mit Backpapier auslegen und den Chips-Boden gleichmäßig hineindrücken. Im Backofen rund 10 Minuten backen, herausnehmen und leicht abkühlen lassen.

❷ Für die Cheesecake-Creme den Frischkäse mit einem Schneebesen cremig mixen und mit den verquirlten Eiern vermengen. Die eine Hälfte der Creme mit gemischten Kräutern, die andere Hälfte mit rotem Pesto vermengen. Zunächst die Kräuter-Creme auf den Boden gießen, anschließend die Tomatencreme. Dann mit einer Gabel ein leichtes Marmormuster in die Masse ziehen. Im heißen Backofen bei 150°C (Umluft) rund 30 Minuten backen. Abkühlen lassen (am besten über Nacht) und, mit Tomatenpesto und frischen Kräutern garniert, servieren.

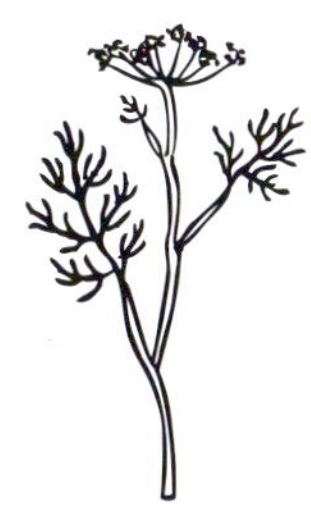

MINI-BBQ-BURGER

mit Ofengemüse

➡ ZUTATEN FÜR 8 MINI-BURGER/ SNACKPORTIONEN

1 Zucchini (200 g), längs in Scheiben

1 Aubergine (200 g), längs in Scheiben

Salz

2 rote Zwiebeln, in Ringen

Olivenöl

½ Rezept Hackbällchen (S. 20/21), ohne Toppings

8 Mini-Brötchen

200 g Frischkäse

½ Bund frische Petersilie

100 g BBQ-Ketchup, rauchig

ZUBEREITUNG

❶ Den Backofen auf 150°C (Umluft) vorheizen. Die Zucchini- und Auberginenscheiben ringsherum leicht salzen und 10 Minuten auf einem Teller ziehen lassen. Das überschüssige Wasser abgießen. Das Gemüse auf ein geöltes oder mit Backpapier belegtes Blech setzen, mit etwas Olivenöl beträufeln und im heißen Ofen rund 20 Minuten garen, ggf. einmal wenden.

❷ Die Rindfleischpatties am besten gleich mitgaren: Dafür die Hälfte der angegebenen Fleischmasse aus dem Rezept der Hackbällchen herstellen und zu kleinen Rinderpatties (etwas flacher als Hackbällchen) formen. Auf ein mit Backpapier belegtes Blech setzen und rund 15 Minuten backen.

❸ Die Brötchen halbieren und die Schnittstellen kurz in der heißen Pfanne rösten. Beide Hälften jeweils mit Frischkäse bestreichen, mit Gemüse, Petersilie, einem Rinderpatty, BBQ-Ketchup und weiterem Gemüse belegen, die oberen Brötchenhälften aufsetzen und die kleinen Burger mit Holzpiekern fixieren.

» Die Mini-Burger können zusätzlich auch mit geschmorten Kirschtomaten, gerösteten Paprikastreifen oder Rucolasalat belegt und variiert werden! «

STUDENTENFUTTERGEMÜSE

zum Knabbern

ZUTATEN FÜR 10–12 SNACKPORTIONEN

250 g Rote Bete, in Stiften

250 g Möhren, in Stiften

250 g Pastinaken oder Petersilienwurzeln, in Stiften

250 g Studentenfutter (Nüsse und getrocknete Früchte)

3 EL Olivenöl

Salz

Chiliflocken

ZUBEREITUNG

❶ Den Ofen auf 175 °C (Umluft) vorheizen. Die Rote-Bete-, Möhren- und Pastinakenstifte in einer großen Schüssel mit dem Studentenfutter, Öl, Salz und einigen Chiliflocken nach Geschmack vermengen. Das Gemüse auf ein mit Backpapier belegtes Blech geben und im heißen Backofen rund 30–40 Minuten rösten, zwischendurch ein- bis zweimal wenden. Das Gemüse sollte am Ende nicht zu weich, bestenfalls leicht bissfest sein.

❷ Den Gemüse-Studentenfutter-Mix lauwarm abkühlen lassen und in kleinen Schälchen, Tüten oder Gläsern mit kleinen Gabeln servieren. Wenn der Snack als Fingerfood gedacht ist, zusätzlich eine Serviette reichen!

» Alle sitzen an einem Tisch? Dann einfach eine große Schale des Studentenfuttergemüses in die Mitte stellen. Passt zu kleinen Frikadellen, zum Zwiebel-Tomaten-Brot, zu verschiedenen Salaten – oder als besondere Knabberei beim gemeinsamen Film- oder Fußballabend! «

MINI-FLAMMKUCHEN

mit roten Trauben und Ziegenkäse

ZUTATEN FÜR 9–12 FLAMMKUCHEN-ECKEN/ SNACKPORTIONEN

1 fertiger Flammkuchenteig zum Ausrollen, ca. 270 g

200 g Doppelrahm-Frischkäse

2–3 rote Zwiebeln, in feinen Ringen

200 g kernlose Weintrauben, rot (im Ganzen oder halbiert)

200 g Ziegen-Camembert, in fingerdicken Stücken

Thymianblätter oder -zweige

½–1 TL flüssiger Honig

» Sommerparty? Anstelle von Weintrauben können auch Blaubeeren verwendet werden! «

ZUBEREITUNG

1. Den Backofen auf 150°C (Umluft) vorheizen. Den Flammkuchenteig ausrollen und die Teigplatte auf ein mit Backpapier belegtes Blech setzen. Den Teig mit Frischkäse bestreichen, mit Zwiebelringen, Weintrauben und Ziegen-Camembert belegen und 9–12 gleich große Stücke schneiden und, leicht voneinander getrennt, auf dem Blech platzieren. Nach Wunsch einige Thymianblätter oder -zweige auf den Stücken platzieren und mitbacken. Die Zweige müssen nach dem Backen wieder entfernt werden.

2. Die Flammkuchen-Ecken im heißen Backofen 15–20 Minuten leicht knusprig backen, den Honig anschließend auf die Ziegenkäsestücke träufeln und warm oder lauwarm servieren.